ブックス027

昭和の終着駅

~中国・四国篇~

写真に辿る昭和40年代

写真　安田就視　・　本文　松本典久

国鉄小野田線長門本山駅【昭和48年11月15日】

昭和の終着駅 中国・四国篇 ◉ もくじ

中国地方 …… 4

岡山県

■ 同和鉱業片上鉄道
片上駅 ……… 6

■ 同和鉱業片上鉄道
柵原駅 ……… 10

■ 岡山臨港鉄道
岡山港駅 ……… 14

■ 国鉄宇野線
宇野駅 ……… 18

■ 下津井電鉄
下津井駅 ……… 22

■ 水島臨海鉄道
三菱自工前駅 …… 26

広島県

■ 広島電鉄宮島線
広電宮島駅 ……… 30

■ 国鉄可部線
三段峡駅 ……… 34

鳥取県

■ 国鉄若桜線
若桜駅 ……… 38

■ 国鉄倉吉線
山守駅 ……… 42

■ 国鉄境線
境港駅 ……… 46

島根県

■ 国鉄大社線
大社駅 ……… 50

■ 一畑電気鉄道大社線
出雲大社前駅 …… 54

■ 国鉄三江北線
浜原駅 ……… 58

■ 国鉄三江南線
口羽駅 ……… 62

山口県

■ 国鉄岩日線
錦町駅 ……… 66

■ 国鉄小野田線
長門本山駅 ……… 70

■ 国鉄美祢線
大嶺駅 ……… 74

■ 国鉄山陰本線
仙崎駅 ……… 78

国鉄境線境港　駅に隣接して山陰きっての貿易港境港があり、貨物の取扱いも盛況だ【昭和48年8月13日】

四国地方 ……82

香川県
- 高松琴平電気鉄道琴平線
  琴電琴平駅 ……… 84
- 高松琴平電気鉄道志度線
  琴電志度駅 ……… 88
- 高松琴平電気鉄道長尾線
  長尾駅 ……… 92

徳島県
- 国鉄小松島線
  小松島港仮乗降場 …96
- 国鉄鳴門線
  鳴門駅 ……… 100
- 国鉄牟岐線
  牟岐駅 ……… 104

高知県
- 土佐電気鉄道安芸線
  安芸駅 ……… 108
- 国鉄中村線
  中村駅 ……… 112
- 国鉄宇和島線
  江川崎駅 ……… 116

愛媛県
- 伊予鉄道高浜線
  高浜駅 ……… 120
- 伊予鉄道城南線
  道後温泉駅 ……… 124
- 伊予鉄道郡中線
  郡中港駅 ……… 128
- 伊予鉄道横河原線
  横河原駅 ……… 132
- 国鉄内子線
  (旧)内子駅 ……… 136
- 国鉄予讃本線
  宇和島駅 ……… 140

※会社名・路線名・駅名などは取材当時の名称を表記しています

高松琴平電気鉄道琴平線琴電琴平　駅舎の奥に県下の古建物「高灯籠」が残っている【昭和48年8月18日】

■ 中国地方

産業用鉄道が意外に多い中国地方
終着駅の構造も機能的につくられていた

　岡山県・広島県・鳥取県・島根県・山口県の5県より構成される中国地方の終着駅は、産業用に活躍した鉄道のなかに興味深いものが多かった。同和鉱業片上鉄道の柵原駅、岡山臨港鉄道の岡山港駅、国鉄美祢線の大嶺駅、国鉄小野田線の長門本山駅、国鉄境線の境港駅などがとくに個性的で印象にも残っている。訪問時、すでに建設時の使命を終えていた駅もあったが、その

国鉄若桜線若桜駅。八鹿をめざして建設されたが、若桜駅から先は着工に至らず、終着駅となった。現在は若桜鉄道として運行され、駅舎は開業時のままの木造平屋建で残っている【昭和56年4月21日】

盛衰のなかにもドラマが感じられた。
　また、国鉄の線路網は、山陽本線と山陰本線を基軸にそれらを結ぶ陰陽連絡線として発達したものが多かった。そこには全通をめざしながらも建設が滞り、終着駅に甘んじていたものもあった。また、三江北線・三江南線は訪問のあとに全通を果たして三江線となったが、残念ながら2018（平成30）年に廃止されてしまった。

同和鉱業片上鉄道
片上駅
かたかみ

片上駅の駅舎【昭和56年2月20日】

ACCESS
→ 岡山県備前市西片上 ［駅跡］
→ JR赤穂線「西片上駅」下車。駅入口前から徒歩約5分

柵原鉱山を支える
鉱山鉄道として活躍した

　同和鉱業は、現在もDOWAホールディングスとして非鉄金属の精錬などを行なっているが、かつては国内数カ所で鉱山事業に当たり、そのうち岡山県にあった柵原鉱山と秋田県の小坂・花岡鉱山で製品や資材輸送の鉄道も運営していた。現在、いずれの鉱山も採掘を止めており、鉄道事業は行なっていない。

　ここで紹介する片上鉄道は、柵原鉱山の製品や資材輸送のために運行されていたものだ。起点は瀬戸内海の片上港に面した片上駅で、山陽本線の和気駅を経由して柵原駅へと向かい、全長の営業距離は33.8キロ。片上駅は起点駅ではあるが、近隣にあるJR赤穂線とは立体交差で線路も繋がらず、行き止りとなる線形だった。厳密には本書のテーマである「終着駅」ではないが、盲腸線の終端駅となっ

ていたわけで、ぜひとも紹介しておきたい。

　当初、片上鉄道は柵原鉱山と関係ないかたちで設立、1923（大正12）年1月1日に片上～和気間で開業、和気駅では山陽本線に連絡した。片上は山陽道の宿場町で、また瀬戸内航路の港町として栄えていたが、明治時代、山陽鉄道として開通した山陽本線は片上を通らず内陸の和気を経由した。ちなみに国鉄赤穂線は戦後生まれで1962（昭和37）年に全通したもの。明治期の片上は鉄道に見放された町となり、鉄道建設は悲願となっていたのだ。

　片上～和気間の鉄道建設が始まったころ、柵原鉱山を経営していた藤田組が片上鉄道の経営にも参画するようになり、1931（昭和6）年には柵原駅まで延伸している。これにより片上鉄道は柵原鉱山の貨物輸送を担うようになり、さらに片上駅は鉄道と水運との積み替え拠点として発展していくのだ。片上鉄道では最晩年まで旅客輸送が行なわれていたが、片上駅はこうした事情から、まるで港に面した貨物駅のような雰囲気だった。しかも車両基地も併設され、構内はかなり広かった。

　1991（平成3）年7月1日の鉄道廃止後、広大な駅用地は再開発され、現在ではマックスバリュ備前店やディスカウントドラッグコスモス備前店などになっている。

朝夕のラッシュ時以外はほとんど乗降客がいない静かな駅。手前は自社発注車のキハ311【昭和56年2月20日】

片上駅には車両基地も併設され、国鉄型気動車やディーゼル機関車が配置されていた【昭和48年8月19日】

私(安田)が訪れた日中はディーゼルカーと鉱石などを運ぶDD13形が行儀良く並んでひと休みしていた
【昭和56年2月20日】

柵原駅
やなはら

同和鉱業 片上鉄道

鉱山施設が隣接しいかにも鉱山鉄道という雰囲気だった【昭和48年8月20日】

個性的なトンガリ屋根の駅舎【昭和48年8月20日】

柵原鉱山に直結
鉱山鉄道の雰囲気漂う

　同和鉱業片上鉄道の要となる柵原鉱山では、明治期から硫化鉄の採掘が始まった。当初は水運に頼っていたが、1916（大正5）年に同和鉱業の前身となる藤田組に経営が移ると一部に索道を敷設、輸送の合理化を始めた。

　そんな折、軌間762㎜で片上〜和気〜三石間を結ぶ鉄道計画が立ち上がり、片上鉄道が設立。ここで藤田組も資本参加、柵原鉱山への活用を画策したようだ。結局、軌間を国鉄との直通運転が可能な1067㎜に変更、さらに和気からは三石ではなく柵原へと結ばれることになった。こうして1931（昭和6）年2月1日には片上〜柵原間が全通している。

　柵原駅は鉱石を貨車に積み込む施設（鉱山用語で「ポケット」。「ホッパー」とも呼ばれる）を中心に構内がレイアウトされ、その片隅に旅客ホームがあった。いかにも鉱山鉄道

ACCESS
- 岡山県久米郡美咲町吉ヶ原［駅跡］
- JR津山線・姫新線「津山駅」から中鉄北部バス高下行きで約40分、「吉ヶ原」下車

の駅という独特な雰囲気を持っていた。

　旅客列車は国鉄から払い下げを受けたキハ41000形やキハ07形といった気動車を中心に運行していたが、通勤・通学輸送のラッシュ時はDD13形ディーゼル機関車による客車列車もあった。

　鉱石輸送のトラック切り替えなどで1988（昭和63）年に貨物営業を廃止、以後は旅客鉄道として継続していたが、1991（平成3）6月30日限りで運行を止め、翌日全線廃止された。

　柵原駅跡はDOWAホールディングス用地として使われているが、手前の吉ヶ原駅跡は柵原ふれあい鉱山公園として、片上鉄道保存会により車両なども大切に保存されている。

別れを惜しんでお話し中？ 「また、会いましょうネ」車両後ろの背の高い構造物が鉱石積込み用のポケット
【昭和48年8月20日】

硫化鉄等の鉱石を運ぶ貨車とニフ15形荷物車が一緒に牽引されてきた【昭和48年8月20日】

鉱山の櫓がたくさん見えている終着柵原駅。鉱石を積んだ貨車やなつかしいオート三輪も見える
【昭和48年8月20日】

岡山港駅
岡山臨港鉄道

ACCESS
→ 岡山県岡山市南区築港元町［駅跡］
→ 「岡山駅東口」からバス築港元町線で「エブリイ岡南築港店前」下車、徒歩18分

ホーム1本だけだった岡山港駅【昭和48年8月19日】

石油備蓄基地のわき 簡素なホームだけの駅

　岡山臨港鉄道は、宇野線の大元駅を起点に岡山港駅に向かう鉄道だった。沿線は児島湾の干拓によって開発された工場地帯で、岡山臨港鉄道ではその貨物輸送を担っていた。大元〜岡山港間の営業距離は8.1キロだったが、各工場への側線延長は12キロ近くにおよび、ここにもその成り立ちが見て取れる。

　営業開始は1951（昭和26）年8月1日。貨物輸送のほか、工場への通勤、そして沿線から岡山へ向かう通勤もあり、旅客営業も行なっている。車両は近隣私鉄などから余剰の気動車を購入、多彩な顔ぶれだった。初期にはディーゼル機関車牽引の客車列車もあったが、晩年はすべて気動車で運行されている。

　終点の岡山港駅は車両基地のあった南岡山駅から1キロほど離れたところで、石油備蓄基地のわき、旅客ホームだけの極めて簡素な施設となっていた。南岡山〜岡山港間では沿線工場に向かう側線が数多く出ており、そちらのほうが本線に思えるほどだった。ちなみに沿線のバス路線拡充などによって鉄道利用者が減り、撮影訪問直前の1973（昭和48）年1月1日から岡南元町〜岡山港間の旅客営業をやめ、旅客列車は大元〜岡南元町間6.6キロとなっていた。

　1984（昭和59）年2月には国鉄貨物輸送体系の大変革があり、そのあおりを受けて岡山臨港鉄道の貨物列車も運行を終了。その後、同年12月29日限りで旅客列車の運行も止め、翌30日付で廃止されてしまった。

隣の南岡山駅に併設されていた車庫【昭和56年6月8日】

この短い路線を走る当時は新顔のキハ7000形は北海道の夕張鉄道からやってきた【昭和56年7月18日】

石油備蓄基地のわきにあった岡山港駅。残念ながら訪問の半年ほど前に旅客営業区間を短縮、ここに気動車の姿はなかった【昭和48年8月9日】

宇野駅

国鉄
宇野線

鉄筋コンクリート2階建ての大きな駅舎には
「うのえき」と表示があった【昭和48年8月19日】

ACCESS
→ 岡山県玉野市築港1-1-1
→ 「岡山駅」から宇野線で約50分

四国に渡る
宇高連絡船への乗換駅

　現在、鉄道で本州から四国に向かうには瀬戸大橋経由となるが、かつては鉄道連絡船で瀬戸内海を渡っていた。この本州〜四国間の鉄道連絡船は複数の航路があったが、そのメインになっていたのが宇野（岡山県）と高松（香川県）を結ぶ宇高連絡船だった。

　宇高連絡船の前身となる航路は、山陽汽船商社によって1903（明治36）年から岡山〜高松で運航を開始した。ただし、この航路は岡山から旭川を川船で下り、途中で瀬戸内海を渡る船に乗り換えるというもの。いささか不便で、客足も伸び悩んだという。じつは山陽汽船商社の親会社である山陽鉄道は、岡山〜宇野間に鉄道を新設、宇野〜高松間を航路で結ぶことを計画していた。ただし、その建設には時間を要するため、それまでのつなぎとして開設されたものだった。

　山陽鉄道によって岡山〜宇野間の鉄道建設が始まったが、開業前に山陽鉄道は国有化されてしまう。工事は国鉄に引き継がれ、1910（明治43）年6月12日に宇野線として岡山〜宇野間20.4マイル（約32.83キロ）を一気に開業した。同時に宇野〜高松間の宇高連絡船も運航を開始している。

　宇野駅そのものは現在も営業されているが、瀬戸大橋開通、それにともなう鉄道連絡船の改変で様相ががらりと変わってしまっている。現状と比較しながら、撮影に訪れた当時の姿を見てみよう。

　現在、線路終端部の先に駅舎が設けられているが、当時はさらに400mほど線路が伸び、宇野港の岸壁ギリギリまで達していた。また、駅構内の幅も広く、線路東側は並行する道路やヤマダ電機のあたりまで側線が拡がっていた。

　当時の駅舎があったのは、現在の宇野駅東交差点のあたりで、いまの南向きではなく、西向きに大きなビルとして建っていた。屋上にはひらがなで「うのえき」と掲げられていたのも印象的だった。

　連絡船が発着していたのは、現在、小豆島に向かう旅客船が発着する岸壁あたりだった。ここには「第2バース跡」として連絡船

四国に向かう玄関口となる宇野駅には、20系寝台特急「瀬戸」をはじめ多くの特急や急行が発着していた【昭和48年8月19日】

　時代のコンクリート構造物が残っているので、当時の姿を想像できるだろう。
　また、当時の宇高連絡船ではホーバークラフトや高速艇も就航していたが、これは宇野駅の先端部に別の桟橋があった。港湾施設が埋立によって拡張されてしまっているが、その桟橋の位置はいまの産業振興ビルの駐車場あたりだろうか。
　ちなみに瀬戸大橋は1988（昭和63）年4月10日に開通し、同日から宇高連絡船は高速艇だけ残して廃止されたが、1990（平成2）年4月には高速艇も運航休止、翌年廃止されてしまった。その後、宇野駅では再開発が行なわれ、駅舎も1994（平成6）年12月3日には現行のものが新設された。このとき、宇野駅のキロ程も変更され、宇野線の営業距離は32.9キロから32.8キロに短縮されている。

四国の高松へ向う宇高連絡線の桟橋【昭和48年8月19日】

岡山から着いた乗客はここで降りて連絡船に。行き止りとなった線路の向こうは瀬戸内海が広がっていた。現在は列車に乗ったままで瀬戸大橋をあっという間に渡る【昭和48年8月19日】

下津井駅
しもつい

下津井電鉄

金毘羅航路につなぐ軽便鉄道の終着駅

　下津井電鉄は、下津井駅を起点に児島駅を経て宇野線の茶屋町駅まで結ぶ鉄道だ。軌間は762㎜と狭く、いわゆる軽便鉄道だった。

　下津井は瀬戸内海に面し、江戸時代から四国に渡る金毘羅往来の港として栄えてきた。しかし、明治末期に宇野線および宇高連絡船が開業。下津井の先行きを案じた有志が1913（大正2）年に下津井軽便鉄道として開業、翌年に茶屋町〜下津井間21.0キロを全通させている。その後、下津井鉄道と改称、1949（昭和24）年には全線電化のうえ下津井電鉄となった。ちなみに国鉄宇野線の電化は1960（昭和35）年で、下津井電鉄はそれより10年以上早い。ただし、近代化というより燃料事情を鑑みた合理化といったほうがいいだろう。

　下津井電鉄では当時からバス事業も展開していたが、沿線の要となる児島から岡山・倉敷に出るには、バスのほうが茶屋町駅での乗り換えがなく便利だった。結局、乗客は路線バスに移ってしまい、1972（昭和47）年3月31日限りで茶屋町〜児島間の電車運行を止めている。

　写真撮影に訪れたのは、児島〜下津井間6.3キロと縮小化されたあとのことだった。新たな起点となった児島駅はバスセンターの整備で移転縮小されていたが、下津井港のすぐそばにあった下津井駅は往年のまま使われ

車庫側から見た下津井駅の駅舎【昭和48年8月19日】

ACCESS

→ 岡山県倉敷市下津井4 ［駅跡］
→ JR瀬戸大橋線「児島駅」から下電バスで約15分「下津井港前」下車すぐ

ていた。ここには車庫が併設され、多くの車両が留置されていた。荷台付きの電車もあったが、これは非電化時代の気動車を改造してつくられたもの。また、線路工事用の作業車として、1971（昭和46）年に廃止された井笠鉄道から購入した気動車もいた。

　下津井電鉄では1988（昭和63）年の瀬戸大橋開通を機に観光鉄道としての存続をめざした。「メリーベル号」こと2000系電車も新造したが、瀬戸大橋線の児島駅と下津井電鉄の児島駅がやや離れていたこともあって客足は伸びず、2年後の1990（平成2）年12月31日の運転を最後に廃止されてしまった。

　線路跡は大半が遊歩道となっているが、下津井駅は線路も含めて構内がほぼそのまま残っている。残念ながら駅舎は解体されてしまっているが、車両は数両残され、現在は有志の手で保存整備が行なわれている。

瀬戸内海の美しい風景を見て走り、下津井港のあるこの駅が終着【昭和48年8月19日】

このクハ5形は気動車を電車にした改造車。1934(昭和9)年に取り付けられた荷物置きのバスケットもそのまま、制御車に改造され長く活躍した【昭和55年9月7日】

雑多な車両を横目に、モハ103＋クハ24が颯爽と現れた【昭和55年9月7日】

三菱自工前駅
みつびしじこうまえ
水島臨海鉄道

工場専用鉄道がルーツ
旅客営業の終端駅

水島臨海鉄道は、ＪＲ山陽本線の倉敷駅に隣接して倉敷市と水島臨海工業地帯（水島工業地帯とも）を結ぶ鉄道だ。10数キロにおよぶ路線網を持っているが、そのうちの倉敷市～三菱自工前間10.4キロでは旅客営業も行なっている。

水島臨海鉄道の成り立ちは工場地帯の形成に関わっている。近隣を流れる高梁川は、かつて河口部で東西2本に分流して流れていた。大正時代に1本化、東側の流れが廃河川となった。戦時中、この用地を活用した軍需工場が建設され、1943（昭和18）年には資材や工員輸送のための鉄道も敷設された。これが現在の水島本線のルーツだ。

軍需工場とあって空襲の被害も大きく荒廃したが、戦後、1947（昭和22）年に水島工業都市開発㈱が発足、鉄道施設を引き継ぐとともに工場誘致を始める。しかし、一部に三菱系の工場が入っただけで振るわず、鉄道は運営難に。1952（昭和27）年には倉敷市が購入して存続をはかることになり、倉敷市営鉄道となった。その後、工場誘致が進んだ。

1962（昭和37）年、国鉄・沿線自治体・沿線進出企業が出資する第三セクター方式の臨海鉄道として京葉臨海鉄道が発足すると全国各地で同様の臨海鉄道がつくられていく。この流れのなか、倉敷市営鉄道も1970（昭

水島駅に併設されていた車両基地【昭和50年8月15日】

ACCESS
→ 岡山県倉敷市水島海岸通2
→ 水島臨海鉄道「倉敷市駅」から約30分

和45）年から国鉄なども出資する第三セクター鉄道の水島臨海鉄道に移行した。

このころの旅客列車は倉敷市～水島間で運行されていたが、1972（昭和47）年に三菱自工前駅を新設、9月18日から旅客営業区間を当駅まで拡張した。駅といってもホームが1本あるだけだ。1983（昭和58）年4月1日には至近に倉敷貨物ターミナル駅が誕生、その入口に設けられた旅客ホームといった風情だ。

また、車両基地は水島駅構内にあったが、倉敷貨物ターミナル駅開設にあわせてその北側に移設されている。

なお、水島駅は1992（平成4）年9月7日に高架化された。これを記念して、水島駅周辺には「緑と水のアート回遊」と呼ぶ複数の記念モニュメントも設置されている。

終点の1駅手前、地下駅時代の水島駅。朝夕のラッシュ以外は改札口も閑古鳥が「ヒマーヒマー」となっている【昭和48年8月19日】

倉敷市から瀬戸内海に面する水島臨海工業地帯へ走っている鉄道。日中はほとんど利用客もなくお休み中
【昭和56年8月15日】

広電宮島駅

広島電鉄
宮島線

ひろでんみやじま

広電宮島駅時代の駅舎【昭和48年12月1日】

ACCESS

→ 広島県廿日市市宮島口1-12-34
→ 「広島駅」から広島電鉄直通電車で終点、約70分

宮島航路の乗換駅
2001年に広電宮島口駅と改称

　広島電鉄は、広島市内を中心に交通事業などを展開しているが、有名なのは市内を縦横に結ぶ路面電車だ。積極的に超低床式車両も導入、明日の路面電車ともいわれるLRT化を早くから進めていることでも知られている。

　路面電車として運行される軌道線は6路線19.0キロにおよぶが、このほかに鉄道線規格となった広電西広島～広電宮島口間の宮島線16.1キロもある。ここで紹介する広電宮島駅は、この宮島線の終点だ。撮影当時は「広電宮島」となっていたが、2001（平成13）年11月1日に「広電宮島口」と改称している。1994（平成6）年に駅舎を改築。

　宮島線は、広島電鉄の前身となる広島瓦斯電軌時代の1922（大正11）年8月22日に己斐町（現・広電西広島）～草津町（現・草津）間で開業した。ちなみに広島瓦斯電軌は広島電気軌道と広島瓦斯の合併によってできた会社で、1942（昭和17）年4月10日に運輸事業を分離して広島電鉄となっている。

　その後、宮島線は延伸を重ね、1931（昭和6）年2月1日に現在の広電宮島口駅まで全通している。当時は電車宮島駅と呼ばれた。これは至近にある国鉄山陽本線の駅名が宮島だったため、「電車」を付けて差別化したのだ。宮島とは日本三景の1つとなる厳島を示すもので、駅のある場所は正確には宮島ではない。そんなこだわりから山陽本線は戦前に宮島口駅としたが、広島電鉄側は1961（昭和36）年6月1日に広電宮島と改称したものの、「口」が付くのは先述のように今世紀に入ってから。

　当初の宮島線は路面電車とは違う一般の電車で運行されていたが、1958（昭和33）年から路面電車が宮島線に乗り入れるかたちで限定的な直通運転が始まった。やがて宮島線全駅に路面電車対応ホームを設置、1963（昭和38）年5月からは広電宮島駅まで直通運転が行なわれるようになった。

　その後も一般の電車は宮島線専用に使われたが、1991（平成3）年8月7日で運行は終了、翌日から路面電車タイプに統一されている。撮影に訪ねたのは、この過渡期で、32～33ページには路面電車と並んでいる姿も見られる。

広電宮島（現・広電宮島口）駅そばにあった宮島タワーから見る日本三景の宮島はグッド！【昭和48年12月1日】

宮島線には広島市内から路面電車が直通運転している【昭和47年4月6日】

撮影訪問時は宮島線用電車（右端）と市内線用路面電車（中央）が運転されていた。現在は直通運転してくる路面電車だけになってしまったが、鉄道線のため改札口は設置されている【昭和48年12月1日】

国鉄可部線 三段峡駅（さんだんきょう）

ACCESS
- 広島県山県郡安芸太田町柴木 ［駅跡］
- 「広島バスセンター」から広電バスの三段峡線高速道経由便で約65分「三段峡」下車すぐ

駅舎は観光地らしい洒落たデザインだった
【昭和48年8月14日】

開業目前に路線廃止候補 34年で散った悲運の駅

　可部線（かべ）は、山陽本線の横川駅から分岐する路線で、現在はJR西日本により横川〜あき亀山間15.6キロで運行されているが、かつては太田川沿いに北上、国定公園にも指定されている景勝地・三段峡の玄関口となる三段峡駅まで60.2キロにおよぶ路線だった。

　この路線の成り立ちは複雑で、最初は軌間762mmの軽便鉄道としてスタートしている。これは大日本軌道広島支社線として1909（明治42）年から狼塚（現・横川）〜祇園村（現廃止）間で営業開始。延伸を重ねて可部まで運行するようになったが、1919（大正8）年には経営が可部軌道へと変わった。さらに1926（大正15）年には広島電気に合併、改軌と電化に取り組んだ。

　1928（昭和3）年、まず横川〜古市橋間を一部経路変更しながら1067mmに改軌、合わせてこの間を直流600Vで電化している。また、古市橋〜可部間は運休としてバス代行輸送でつないだ。2年後には可部駅まで全区間を1067mm、直流600Vとしているが、ここでも経路を一部変更している。

　1931（昭和6）年には広島電気が全額出資により広浜鉄道を設立、この運営に切り替わった。しかし、1936（昭和11）年には国有化、横川〜可部間の可部線となった。その後、国鉄では可部以遠の延伸を非電化で進めるとともに電化区間の電圧を段階的に昇圧、1962（昭和37）年には国鉄標準の1500Vとしている。

　延伸のほうは1954（昭和29）年に加計駅まで進んでいたが、1968（昭和43）年に可部〜加計間は赤字対策の廃止候補とされてしまう。しかし、延伸工事は進んでおり、1969（昭和44）年7月27日には三段峡駅まで延伸開業した。じつはその先、島根県の浜田までつなぎ陰陽連絡線とする計画だったのだ。三段峡駅から先の工事にも着手していたが、国鉄再建でついに工事凍結。三段峡駅が可部線の終着駅となったのだ。

　こうして可部線は横川〜三段峡間（電化は横川〜可部間のみ）となった状態で国鉄から

この終点の先には浜田をめざした未成線の今福線が一部着工されていた【昭和48年8月14日】

JR西日本に引き継がれた。しかし、一時は廃止対象にもなった区間の運営は困難で、可部〜三段峡間46.2キロは、2003（平成15）年12月1日付で廃止されてしまったのだ。

三段峡駅は、観光地の玄関口として鉄筋コンクリート2階建ての立派な駅舎が建てられ、ホームも長かったが、撮影に訪れたころからそれを持て余すような雰囲気だった。廃止後、三段峡駅跡地は再開発され、現在は三段峡交流館や広場となっている。

なお、可部線では部分廃止後、可部駅が終点となっていたが、なんと廃止区間1.6キロを復活させることになった。こうして2017（平成29）年3月4日、新たに設けられた、あき亀山駅まで延伸している。

キハ23形が広島市内へ向かう人々を乗せて、さあ出発【昭和48年8月14日】

太田川上流の美しい流れを見ながらやっと辿り着いた。特別名勝三段峡の入り口は駅のすぐ近く
【昭和48年8月14日】

若桜駅

国鉄若桜線

わかさ

現在は第三セクター鉄道の若桜鉄道として存続

　若桜線は、鳥取駅（鳥取県）と東津山駅（岡山県）を結ぶ因美線の郡家駅（鳥取県）から分岐する19.2キロの路線だ。大正時代に定められた「鉄道敷設法」で「鳥取県郡家ヨリ若桜ヲ経テ兵庫県八鹿附近ニ至ル鉄道」として計画、1930（昭和5）年1月20日に郡家〜隼間で運行開始、同年12月1日に若桜駅まで延伸した。しかし、その先の着工はされなかった。撮影訪問時は国鉄線として運営されていたが、民営化でＪＲ西日本に引き継がれ、さらに1987（昭和62）年10月14日からは第三セクター鉄道の若桜鉄道に転換されている。

　若桜線の終着となる若桜駅は、鳥取県最東部の八頭郡若桜町に位置している。森林に囲まれた山深い地域で街並みは駅の周辺に集中している。まさに若狭町の玄関口といってもいい存在だ。1974（昭和49）年9月までは貨物列車も運行されており、物流の拠点ともなっていたようだ。写真では駅わきに原木が積み上げられた様子もわかるが、これは現在の鳥取森林管理署若桜森林事務所。撮影時、すでに鉄道による原木輸送は終わっていたが、かつてはここから貨車に積まれて搬出されていたそうだ。

　第三セクター鉄道転換時、この若桜駅に本社と車両基地が置かれた。本社事務所は駅舎内に設けられ、いまも美しい木造駅舎

現在、駅舎は国の登録有形文化財にも指定
【昭和56年4月19日】

ACCESS
- 鳥取県八頭郡若桜町若桜
- ＪＲ山陰本線・因美線「鳥取駅」から若桜鉄道直通列車で約50分

が当時のまま健在だ。2008（平成20）年には駅舎などが国の登録有形文化財にも指定されている。

　また、若桜駅には国鉄時代から転車台や給水塔もあった。2007（平成19）年には静態保存されていた蒸気機関車Ｃ12 167号機を譲り受け、圧縮空気で運転できるように修復。現在では4〜12月の第2第4日曜日を中心に構内で転車台などを使った展示運転をしている。また、2015（平成27）年には社会実験としてディーゼル機関車を連結して本線運転も実施。観光鉄道としてのPRを推進中だ。

　ただし、経営は厳しい状態が続く。2009（平成21）年4月1日には線路などの施設を若桜町などが第三種鉄道事業者として保有管理、若桜鉄道が第二種鉄道事業者として運行する上下分離を行なっている。

駅名は「わかさ」なので列車に乗ってくればお年寄りも若返りそう【昭和56年4月21日】

中国山地の山ふところに抱かれた終着駅【昭和56年4月21日】

山のなかにポツンとある駅、しかし駅前の商店では本日大売出し中で大賑わいだ【昭和48年8月12日】

国鉄倉吉線 山守駅（やまもり）

短いホーム1本だけ 簡素な終着駅だった

　倉吉線は、山陰本線の倉吉駅から分岐、内陸にある山守駅まで20.0キロを結ぶ路線だった。倉吉市と隣接する関金町（現在は倉吉市に合併）を縦断するかたちで、当時は地域の基幹交通ともいえる存在だった。ただし、利用者は限られ、国鉄再建のための特定地方交通線第1次廃止対象線区とされてしまい、1985（昭和60）年3月末限りで運行を終了、翌4月1日付で全線廃止となっている。

　倉吉線の歴史は古く、運行開始は1912（明治45）年のことだ。当時、山陰本線の倉吉駅は上井（あげい）と呼ばれていたが、ここから倉吉（のち打吹（うつぶき）に改称）まで倉吉軽便線として運転を開始した。この倉吉駅があったのは、倉吉の中心部となるあたりで、いまでは白壁土蔵の美しい家並みで有名だ。線名に軽便の名はあったが軌間は1067㎜で、1922（大正11）年には倉吉線と改称している。1941（昭和16）年には関金駅まで延伸、さらに1958（昭和33）年12月20日に山守駅まで開通した。

　ちなみに山陰本線の上井駅が倉吉駅となるのは、1972（昭和47）年2月14日のことで、それに先駆け同年1月10日に倉吉線の倉吉駅は打吹駅に改称されている。

　終点の山守駅は小鴨川と野添川（おがも）の合流地点を渡って右にカーブした先にあった。線路が

小さな待合室だけの無人駅だった【昭和56年4月19日】

ACCESS
- → 鳥取県倉吉市関金町堀 [駅跡]
- → JR山陰本線「倉吉駅」から日交バス明高行きで約45分「今西上」下車、徒歩3分

1本通じているだけで、単式ホームと小さな待合室のある無人駅だった。関金駅までは貨物列車も走っていたが、関金〜山守間は気動車による旅客列車だけ。しかもそのホームは極端に短く、3両編成以上はホームからはみ出す（44〜45ページ）始末だった。

　周囲は野添川沿いに広がる田園地帯で、集落といったものはなく、民家が点在していた。この景観はいまもほとんど変わりはない。関金駅付近では線路も残っているが、山守駅近隣は線路跡が簡易舗装され生活道路となっている。山守駅前のささやかな広場はいまも空き地のまま残っているが、草に埋もれ判りにくい。山守郵便局を目印に関金側に300mほど戻ったあたりだ。

駅名標もなんにもない。列車が出たあとは白いホームが淋しそうだ【昭和48年8月13日】

お盆のとても暑い日、日傘と荷物でたいへんですネ、お宅はまだ遠いの？【昭和48年8月13日】

山奥にある小さな駅。3両編成のディーゼルカーもホームからはみ出している【昭和56年4月19日】

境港駅
さかいみなと

国鉄境線

この時代の駅舎は現在地より東側にあった
【昭和49年4月12日】

山陰地方有数の港に直結 貨物輸送も盛んな駅だった

ACCESS
→ 鳥取県境港市大正町1-28［現在］
→ JR山陰本線「米子駅」から境線で約50分

　境線は、現在JR西日本の路線として運営されている。境港駅も健在だが、再開発により国鉄時代とは大きく変貌、いまではまったく別の駅となってしまった。

　港名としては「さかいこう」と呼ばれる境港は、重要港湾にも指定されている山陰地方有数の港だ。境線はこの港に結ぶ鉄道として建設された。1902（明治35）年11月1日、境（現・境港）〜米子〜御来屋間で一気に開業している。これは山陰地方で初の国鉄線ともなっているが、じつは姫路に結ぶ陰陽連絡線として計画されたものだった。のちに山陰本線の建設が決まり、1909（明治42）年の国鉄線路名称制定時には米子〜境（現・境港）間17.9キロを切り離して、境線とされた。

　境駅は1919（大正8）年7月1日に境港駅と改称された。読みは「さかいみなと」。これは現在の市名にも踏襲されている。

　駅は港に直結して貨物輸送を行なうため、広大な構内と側線を持っていた。駅舎があったのは現在の駅前広場の東端あたりで、線路は大きく弧を描いて港に向かい、ここには上屋を設けた貨物用ホームもあった。さらに現在の駅の西側に続く、まるごう境港ターミナル店から県営住宅にかけては広大な石油備蓄基地で、こちらに続く貨物線も伸びていた。

　駅名が境港となったころ、山陰本線はまだ全通前だったが、京都側には通じていた。境港の資料によると、このころから港に揚がった鮮魚を鉄道貨物で東京へ送ったという。この鮮魚輸送はルートが変わったものの1975（昭和50）年ごろまで続き、白い車体の冷蔵車の発着が良く見られた。ちなみに1971（昭和46）年には境港〜汐留間を直行する鮮魚専用特急列車「山陰とびうお号」も設定されている。

　また、境港では昭和20年代からベニヤ合板の材料となるラワン材の水揚げが増え、これも鉄道で運ばれた。48〜49ページの写真はまるで森林鉄道のような雰囲気だが、これはラワン材の輸送だった。貨車の背後に貨物船のクレーンも見える。

境水道に沿って貨物の側線が伸びていて、入換機関車がタンク車を牽いてやってきた【昭和56年4月23日】

　このように境港駅では貨物の扱いが極めて多かったが、国鉄再建のための貨物輸送体系変更のあおりを受け、1985（昭和60）年2月に石油タンク車の輸送が廃止され、3月には一般貨車の取扱いも廃止された。ラワン輸送はその後も継続したが、翌1986（昭和61）年8月で運転終了、同年11月1日には境線の貨物営業すべてが廃止されてしまった。

　その後、ＪＲ西日本の管轄となってから境港駅の広い構内は再開発され、線路は本線から直進するかたちに付け直された。さらに1995（平成7）年には灯台をあしらった現在の駅舎も建てられた。

　なお、境線や境港市では境港出身の漫画家・水木しげる氏にちなんだ観光の取り組みを進めており、現在の境港駅には「鬼太郎駅」の愛称が付けられている。

鮮魚輸送も盛んで、白い冷蔵貨車が待機していた【昭和48年8月13日】

47

大山隠岐国立公園への観光基地、隠岐島と美保関への玄関口。当時のホームは港に向かって緩やかにカーブしていた【昭和48年8月13日】

大社駅
たいしゃ

国鉄大社線

大社駅のホームは、長編成の列車発着に備えて長かった【昭和48年8月17日】　「どこ行こうか？」【昭和48年8月13日】

出雲大社参詣の玄関口
優美な姿で現在は国重文

大国主大神（おおくにぬしのおおかみ）を祀り、いまでは縁結びのスポットとしても知られる出雲大社。「古事記」にも記され、古来多くの人々の崇敬を受けてきた。その参詣の足としてつくられたのが大社線だ。1912（明治45）年6月1日、山陰本線の出雲今市駅（現・出雲市）から大社駅まで4.7マイル（のち7.5キロ）で開業している。

当初の大社駅は簡素な駅舎となっていたが、1924（大正13）年2月28日に2代目駅舎が竣工した。木造平屋建で、参道に向かって西向きに建つ。車寄せを突出した中央棟を中心として両翼を延ばした南北に細長い左右対称の構成だ。全体に出雲大社の玄関口を意識した和風の意匠でまとめられ、厳格な構成のなかにも華やかな外観となっている。

ACCESS
→ 島根県出雲市大社町北荒木441-3［駅跡］
→ ＪＲ山陰本線「出雲市駅」から一畑バス出雲大社行きなどで25分、「旧ＪＲ大社駅」下車

盛期には東京駅や大阪駅からも直通列車が運転されるほどで、広い構内にその面影を感じさせる。残念ながら国鉄再建に向けた第3次特定地方交通線として廃止が決まり、ＪＲ西日本に移行したのちの1990（平成2）年3月末で運行を終え、4月1日付で廃止された。

しかし、駅舎は優れた意匠が評価されて解体を免れ、現在は出雲観光協会が使用中。構内の線路も一部残され、Ｄ51形774号蒸気機関車が保存展示されている。2004（平成16）年には国の重要文化財に指定され、2009（平成21）年には近代化産業遺産にも認定された。

出雲大社とゆかりのある駅。駅舎は木造和風で、格天井も立派だ【昭和48年8月13日】

大社駅から縁結びの神様として有名な出雲大社まで徒歩20分、当時は多くの参詣者で賑わう
【昭和58年12月17日】

出雲大社前駅
いずもたいしゃまえ

一畑電気鉄道 大社線

ホームには電化時に導入されたデハ１形が停車中
【昭和48年8月13日】

ACCESS
→ 島根県出雲市大社町杵築南
→ 一畑電車「電鉄出雲市駅」から「川跡駅」乗換えで約25分

ステンドグラスもあしらい洋風にデザインされた駅

　明治晩年、一畑軽便鉄道として誕生した一畑電気鉄道も出雲大社への参詣輸送をめざしたものだった。ところが会社創立に向かって動き出したころ、国鉄の大社線建設が決まった。そのため、急遽目的地を社名にも謳われた一畑薬師に変更して1914（大正3）年から運行を開始したのだ。

　徐々に線路を延ばし、1928（昭和3）年には現在の北松江線となる出雲今市（現・出雲市）～北松江（現・松江しんじ湖温泉）間を全通させた。当初、蒸気機関車による運行だったが、建設途上に電気鉄道をめざし、社名変更とともに電化を進めている。

　こうして体裁は整ったが、当初の目的だった出雲大社への想いは深かった。そこで国鉄大社線との競合を極力避けるかたちで川跡～大社神門（現・出雲大社前）間に支線を建設、

1930（昭和5）年2月2日から運転を開始した。

　駅舎は国鉄大社駅が和風だったの対し、一畑電気鉄道は洋風でデザインされた。屋根はカマボコ状で、落ち着いたグリーン系の瓦葺き。しかも壁面にはステンドグラスまであしらわれ、モダンな雰囲気を醸し出していた。

　新設区間は当初から電化されており、北松江駅や出雲今市駅から電車でやってこられた。さらに駅舎は参道に面し、国鉄大社駅よりも1キロ近く出雲大社に近かった。遠方の参拝客は国鉄を使ったが、松江など近隣の人は一畑電気鉄道を利用するようになったという。

　戦後、一畑電気鉄道は近隣の出雲鉄道や島根鉄道を合併、さらに出雲市のバス事業を譲受、事業展開を進めていく。そんな折の1970（昭和45）年10月1日に大社神門駅は出雲大社前駅と改称された。撮影訪問時はそれから3年後のこと。当時は電化に合わせて導入されたデハ１形がまだ第一線で活躍していた。

　出雲大社前となった駅舎は、1996（平成8）年に国の登録有形文化財に登録、2009（平成21）年には近代化産業遺産にも認定された。なお、この間の2006（平成18）年4月1日に会社の体制が変わり、一畑電車となった。

本日も一日御苦労さん、夕日を見ながら到着【昭和48年8月13日】

国鉄大社駅のすぐ横にある一畑電気鉄道の出雲大社前駅。駅舎のデザインは洋風でモダンだ【昭和48年8月13日】

国鉄 三江北線

浜原駅
はまはら

ACCESS
→ 島根県邑智郡美郷町浜原71［駅跡］
→ ＪＲ山陰本線「大田市駅前」から石見交通粕渕線のバスで約50分、「浜原駅前」下車

三次側に続く線路は使用前には草に埋もれていた
【昭和48年8月14日】

三江線全通前、
北側の終点となっていた

　2018（平成30）年3月31日限りで運行を止め、大きな話題となったＪＲ西日本の三江線。1975（昭和50）年8月31日の全通までは三江北線と三江南線と別々に運転されていた。この全通前、三江北線の終点となっていたのが浜原駅だ。

　三江線は三次駅（広島県）と江津駅（島根県）を結ぶ鉄道として計画され、路線名は両駅の頭文字を使って命名された。線名からすれば三次駅が起点と思えるが、全通後の起点は山陰本線と接続する江津駅だった。

　建設工事は北側から始まり、1930（昭和5）年に石見江津（現・江津）～川戸間で運行を開始した。当時は計画時の名称から三江線と呼ばれ、1931（昭和6）年に石見川越駅、1934（昭和9）年に石見川本駅、1935（昭和10）年に石見簗瀬駅と延伸、そして1937（昭和12）年10月20日に浜原駅まで開通した。開業年を見ると着々と延伸を重ねていることが判るが、このころから戦時色が強くなり、工事は中断されてしまった。

　工事が再開されるのは戦後のことで、まず1955（昭和30）年3月31日に南側の三次～式敷間が開業した。こちらも戦前に着工されていたが、戦時体制となって工事が中断されていたのだ。なお、この時には全通に至らず、新規開業区間を三江南線とし、同時に石見江津（江津への改称は1970年6月1日）～浜原間を三江北線と改称している。そして1963（昭和38）年6月30日には式敷～口羽間が三江南線として延伸開通。撮影訪問はこの状態で運行されていた時代のことである。

　三江線はうねうねと蛇行を繰り返す江の川沿いを走り、江津駅から50.1キロ進んだ地点に浜原駅があった。当時は駅に隣接して町

八戸川を渡るディーゼルカー。八戸川はこの鉄橋のわきで江の川に合流する　川平〜川戸【昭和62年8月】

立浜原小学校（左写真の駅の奥に赤い屋根の校舎が見える）もあるほどの集落だったが、人口は少なく、静かな場所だった。

　三江北線では貨物列車の運行もあり、1974（昭和49）年11月まではＣ56形が活躍していた。じつはこれが本州では国鉄最後の蒸気機関車運転となっている。貨物列車はＤＤ16形ディーゼル機関車で無煙化後、三江線が全通したのちも江津〜浜原間で運転されていたが、1982（昭和57）年11月6日限りで廃止されてしまった。

　旅客列車は気動車での運行が基本で、ＪＲ西日本に移行後、キハ120形が導入されたが、訪問時はキハ23形やキハ45形などキハ40系以前のやや古い車両も使われていた。

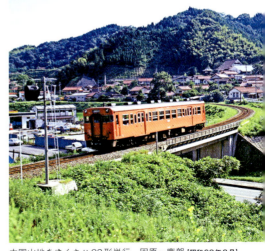

中国山地をゆくキハ23形単行　因原〜鹿賀【昭和62年8月】

水害のため1972（昭和47）年7月11日から明塚～浜原間は不通。停車中のバスには「鉄道代行」の表示が見える
【昭和48年8月14日】

国鉄 三江南線

口羽駅
くちば

山のなかにひっそりとある静かな駅【昭和48年8月14日】

三江線全通で中間駅化
2018年3月で廃止された

　口羽駅は1975（昭和50）年8月31日の三江線全通まで芸備線三次駅を起点に運行された三江南線の終点だった。

　三江線の成り立ちは58ページに紹介したが、三江線は1955（昭和30）年3月31日に三次～式敷間で開業、1963（昭和38）年6月30日に口羽駅まで延伸してきた。写真でも判るように山間の小さな駅だった。三次駅からの営業距離は28.4キロ。ちなみに全通後の起点となる江津駅からは79.7キロだった。

　訪問当時の口羽駅は、将来の行き違い駅となる想定で島式ホームを備えていたが、気動車2両分程度の短いものだった。これは全通後に延長され、ホーム上屋も改築されている。列車はキハ20形やキハ11形などの気動車

ACCESS
→ 島根県邑智郡邑南町下口羽［駅跡］
→ JR芸備線「三次駅前」から備北交通作木線のバスで約55分、「口羽大橋」下車すぐ

で運行、大半は1両の単行運転だった。また、三江北線では貨物列車が運行されていたが、三江南線は旅客列車だけだった。

　三江線全通に向けて口羽～浜原間の工事が始まったのは1966（昭和41）年のことで1975（昭和50）年8月31日に同区間開業で全通、路線名は三江線と改称された。ただし、この時、口羽駅での直通運転設備が出来ておらず、直通運転は1978（昭和53）年3月30日からとなった。

　なお、JR西日本となったころ、口羽駅を跨ぐ道路が完成した。駅舎のすぐわきを通り、景観が大きく変わってしまった。

本日はお盆、乗客も少し多いよう【昭和48年8月14日】

三江線全通後に再訪したら、ホームは延長され、上屋も改築されていた【昭和57年10月】

山陰・山陽の連絡線として建設されたが沿線人口も少なく、ほとんどの駅が駅員無配置だった【昭和48年8月14日】

錦町駅 にしきちょう

国鉄 岩日線

訪問時の駅舎はそっけないものだったが、現在はペンション風2階建てに改築されている【昭和56年12月12日】

現在は錦川鉄道として存続
転換時に駅が拡張された

　国鉄の岩日線は、山陽本線の岩国駅と山口線の日原駅を結ぶ路線として計画された。路線名はその両駅にちなむものだ。

　1960（昭和35）年11月1日、まず河山駅まで開通した。計画では岩国駅が起点とされたが、岩国〜川西〜森ケ原信号場間はすでに開通していた岩徳線の線路を利用することになり、森ケ原信号場を新設して分岐させた。そして岩日線の起点は川西駅とし、川西〜森ケ原信号場間は両線の重複区間となった。

　1963（昭和38）年10月1日には河山駅から錦町駅まで延伸開業した。

　錦町駅から先の区間は1967（昭和42）年に岩日北線として着工した。ところが錦町〜六日町間の路盤完成までこぎ着けた状態で国鉄の再建問題が発生。結局、建設工事は凍結

ACCESS
→ 山口県岩国市錦町広瀬
→ 「岩国駅」から錦川鉄道直通列車で約70分

となり、錦町駅はそのまま終着駅として存続することになったのだ。

　岩日線は河山駅まで貨物列車も運行したが、その先は旅客列車だけの運行となった。車両は気動車を使い、終点では単純に折り返すだけ。そうした判断から錦町駅は分岐もない線路1本、ホーム1本だけのシンプルな構造とされた。駅舎にしてもそっけないトイレをちょっと大きくしたようなものだった。

　とはいえ、錦町駅は錦町（2006年に合併で岩国市となる）の玄関口。路線バスのターミナルともなり、結構にぎわっていた感じだ。

　しかし、岩日線全体では利用者が少なく、国鉄再建の際は特定地方交通線として廃止対象になってしまった。地元では存続を望み、

山のなかの淋しい駅に列車がやってきた【昭和48年8月14日】

駅前広場に太鼓の櫓が作られて、今夜は賑やかに盆踊り大会【昭和48年8月14日】

ＪＲ西日本に移行後の1987（昭和62）年7月25日に第三セクター鉄道の錦川鉄道に転換、線名も岩日線から錦川清流線に改められた。転換の際、本社は錦町駅に置かれることになって駅舎を瀟洒なスタイルに改築、車庫も併設され、駅の規模が拡張されている。

線路は錦町駅で途切れていたが、延伸工事が始まっていた【昭和48年8月14日】

有名な錦帯橋の架かる錦川に沿って中国山地の山間を北上、やっとたどりついた時は夏祭りの提灯に灯りがともっていた【昭和48年8月14日】

長門本山駅
ながともとやま

国鉄 小野田線

木造平屋建の駅舎はかなり傷んでいた
【昭和48年11月15日】

ACCESS
- 山口県山陽小野田市大字小野田字三の奈良原332
- 「厚狭駅」から山陽本線で「小野田駅」へ、小野田線に乗り換え「雀田駅」へ、さらに長門本山行きに乗り換え、約50分

潮風が香る終端駅
時代を超えた雰囲気だった

　小野田線は、山陽本線の小野田駅と宇部線の居能駅を結ぶ本線、そして途中の雀田駅から長門本山駅に向かう支線からなる。この支線は「本山支線」あるいは「長門支線」の通称で呼ばれることも多い。営業キロは本線が11.6キロ、支線が2.3キロとなっている。

　小野田線の成り立ちは複雑で、近隣の宇部線とともに複数の私鉄によって開業した路線を国有化、さらに国鉄が路線をつないで現在のかたちにしたものだ。

　小野田駅側の本線から建設が始まり、1915（大正4）年、小野田軽便鉄道（のち小野田鉄道）によって小野田～セメント町（現・小野田港）間が開通した。

　居能側は、1929（昭和4）年、宇部電気鉄道によって沖ノ山旧鉱（のち宇部港）～居能～雀田～新沖山間で運行が始まった。これにより居能～雀田間が通じた。さらに1937（昭和12）年1月21日には雀田～本山間も開業。本山とは現在の長門本山駅で、1941（昭和16）年11月29日、宇部電気鉄道が宇部鉄道に合併する際、改称されている。

　1943（昭和18）年4月1日に小野田鉄道、そして同年5月1日には宇部鉄道が国有化され、小野田線と宇部東・西線とされた。その後、国鉄によって小野田港～雀田間が結ばれ、1948（昭和23）年2月1日には宇部西線が小野田線に組み込まれた。ここで晴れて長門本山は小野田線の駅となったのだ。

　長門本山には炭鉱があり1963（昭和38）年まで操業している。当時はにぎわいを見せたと想像するが、閉山後、駅は線路1本だけに縮小され、近隣の生活路線となった。

　撮影に訪れた時は朝夕の通勤・通学時間帯だけ旧型国電（クモハ42形）1両が雀田～長門本山間を往復する状態だった。行き止りとなった線路の先は道路を挟んですぐ海で、荒涼とした雰囲気だ。現在、駅舎は改築され、車両もクモハ123形などに替わったが、運転本数は極限まで減少、2018（平成30）年現在1日わずか3往復。極めて乗りにくい路線だ。

今日は七五三の日。お詣りの帰りかな？【昭和48年11月15日】

炭鉱とともに盛衰した駅。この駅の先には周防灘の海原が広がっている【昭和48年11月15日】

当時も少なくなっていたなつかしい旧型国電（クモハ42形）がやってきた【昭和48年11月15日】

国鉄美祢線
大嶺駅
おおみね

木造平屋建の古い駅舎は廃止までほぼこのままで使用されていた【昭和57年10月13日】

かつては本線の終着駅
支線化されて最後は廃止

　晩年の大嶺駅は、美祢線の南大嶺駅から分岐する支線の終点だったが、美祢線前身の大嶺線時代はこちらが本線で、その終着駅だった。「庇を貸して母屋を取られる」のことわざのとおりの歴史を歩んだ駅だった。

　美祢線は、近年まで石灰石輸送を行なっていたことで知られているが、かつては石炭輸送が盛んだった。大嶺周辺は大嶺炭田として良質の無煙炭が産出、多くの炭鉱が拓かれた。この無煙炭は海軍でも使用され、その輸

ACCESS
→ 山口県美祢市大嶺町奥分［駅跡］
→ JR美祢線「美祢駅」からブルーライン交通バス約15分

送体制を強化すべく、1905（明治38）年9月13日に厚狭〜大嶺間およそ20キロの鉄道が敷設された。これは山陽鉄道によるもので、国有化後、大嶺線と命名されている。

　その後、1916（大正5）年には、当時、伊佐と呼ばれていた南大嶺駅を起点とする美祢軽便鉄道が重安駅まで運行を開始した。4年後に国有化、美禰軽便線とされ、さらに美禰線となった。この国有化後、重安駅から

炭鉱の駅らしいムードに溢れていてなつかしい【昭和48年11月15日】

先の建設が進められ、1924（大正13）年には、当時、正明市と呼ばれた現在の長門市駅まで開通している。この時、大嶺線と美禰線を合併、全線を美禰線と呼ぶようになった。さらに1963（昭和38）年には「禰」の字を新字に改め、美祢線となった。

大嶺炭田の産出量は昭和30年代がピークとなっているが、美祢線となったころから閉山が続き、昭和40年代半ばには大嶺駅からの搬出もなくなった。最初の撮影訪問は1973（昭和48）年11月だったが、すでに石炭積込み施設が併設された広い構内はがらんとしていた。ただし、一般の貨物輸送は1983（昭和58）年末まで続いていた。

1987（昭和62）年の国鉄民営化で大嶺駅はＪＲ西日本の管轄となるが、このころ線路も１本を残して撤去、1997（平成9）年4月1日には駅そのものも廃止されてしまった。

無煙炭で栄えた昔を忍ばせるなかなか立派な駅舎【昭和48年11月15日】

仙崎駅 (せんざき)

国鉄 山陰本線

駅舎は鉄筋コンクリート建築。いまでは和風にリニューアルされた【昭和48年11月15日】

仙崎港に面した終端駅 行商のおばさんが元気だった

仙崎駅は、通称「仙崎支線」と呼ばれる長門市駅から分岐する2.2キロの支線にある終端駅だ。現在では山陰本線に組み込まれているが、当初は美禰線（現・美祢線）の貨物支線として建設されたものだった。

開業は1930（昭和5）年5月15日。ただし、当時は旅客扱いのない貨物駅で、旅客営業が始まるのは1933（昭和8）年7月26日から。ちなみにこの年の2月24日に山陰本線が全通した。この時、正明市（現・長門市）界隈に延びていた美禰線を厚狭～正明市間などに縮小、仙崎駅は山陰本線の駅となった。

仙崎は日本海に突き出した岬に発展した港町で、古来、海運や漁業によって栄えてきた。さらに岬の先にある仙崎瀬戸を渡ると日本百景の1つ青海島で、風光明媚な観光地にもなっている。

戦前、国鉄による下関～釜山間の航路が運航されていたが、1945（昭和20）年には関門海峡が機雷封鎖されてしまった。そこで同年4月から仙崎が下関に代わる代用港となり、仙崎駅もそれに接続する駅となった。もっとも戦争激化でたいした運航もないまま終戦を迎えている。終後は仙崎～釜山間で引揚げ者の輸送が行なわれ、仙崎駅はその拠点にもなった。

ACCESS
→ 山口県長門市仙崎新屋敷町1115
→ JR山陰本線「長門市駅」から約4分

長門市から1駅の盲腸線。終着駅の秋、ススキも心なしか淋しそう【昭和48年11月15日】

　仙崎駅では1963（昭和38）年6月に貨物営業を廃止し、駅構内の線路もシンプルに整理された。このころから鉄道を使い、仙崎の漁港で揚がった魚介類を背負い行商に出る人が増え、最盛期は毎日120人ほど乗車したという。荷物はブリキ缶に収められたことから「カンカン部隊」とも呼ばれた。撮影に訪れた時代、その数は減っていたが、元気なおばさんたちの姿があった。

　仙崎は詩人・金子みすゞの出身地でもある。近年大きく再評価され、生家を訪ねる観光客も増えた。仙崎駅では駅舎が1959（昭和34）年に改築されていたが、1998（平成10）年に和風にリニューアルされている。

79

もともとは大嶺の石灰を運び出す目的だった駅だが、のちに海産物の行商に出る人たちでにぎわうようになった【昭和57年10月16日】

■ 四国地方

鉄道の活用をめざした延伸で
中間駅となってしまった終着駅も多い

　1888（明治21）年、伊予鉄道の開業によって四国の鉄道の歴史が始まった。この鉄道に触発されるかのように、四国では民間による鉄道が数多く誕生している。その後、私鉄どうしの合併や国有化など多くの変遷を経ながら四国の鉄道網が築かれていったのだ。
　四国最古の鉄道となった伊予鉄道、歴史の長い高松琴平電気鉄道ではとも

国鉄内子線の五郎〜新谷間を走る気動車列車。内子線は予讃本線の改良に向けて短絡線に組み込まれた。新線開通後、写真の区間は役目を終えて廃止されてしまった【昭和55年8月25日】

に現在でも複数の路線を持ち、終着駅の宝庫になっている。個性的な駅も多く、それが訪問の楽しみともなった。

また、撮影訪問時、牟岐線の牟岐駅、宇和島線の江川崎駅、中村線の中村駅、内子線の内子駅はすべて国鉄の終着駅となっていたが、その後の延伸でいまでは中間駅となってしまった。駅の姿も大きく変わり、その移ろいを探るのも興味深い。

高松琴平電気鉄道 琴平線

琴電琴平駅
ことでんことひら

ACCESS
→ 香川県仲多度郡琴平町字川東360-22
→ 高松琴平電気鉄道「高松築港駅」から琴平線で約60分

訪問時は開業時に建てられた駅舎が使われていた
【昭和48年8月18日】

金刀比羅宮詣での玄関口
「高灯籠」も駅わきにそびえる

「ことでん」の通称で親しまれている高松琴平電気鉄道では、高松市を中心に香川県内に3つの路線を運行している。このうちの琴平線は高松築港〜琴電琴平間の32.9キロを結び、当鉄道の基幹ともいえる路線だ。

高松琴平電気鉄道は戦時中に高松市周辺の鉄道事業者が合併して発足している。

琴平線は、金比羅電鉄によって計画された。のちに琴平電鉄と社名を変更して1924（大正13）年に設立、1926（大正15）年12月21日に栗林公園〜滝宮間で開業した。翌年3月15日には滝宮〜琴平（現・琴電琴平）間、4月22日には高松〜栗林公園間を延伸し、琴平線の外郭が完成している。なお、起点とされた高松駅は1915（大正4）年に開業していた東讃電気軌道（現・志度線）の瓦町駅に隣接して設けられた。琴平電鉄が開業した

時はすでに国鉄の高松駅があったため、やがて琴電高松駅と改称されている。

この開業に向けて琴平電鉄では電車を新造。当時としてはかなり高性能でスタイルも良く、慣れない乗客が下駄を脱いで車内に入ったという逸話もある。創業時の電車のうち100号（1000形）、300号（3000形）、500号（5000形）の3両は引退後も動態保存され、現在では近代化産業遺産などにも選定されている。

戦時中、琴平電鉄は「陸上交通事業調整法」により1943（昭和18）年11月1日付で讃岐電鉄・高松電気軌道と合併して高松琴平電気鉄道となり、琴平電鉄の路線は琴平線となった。

戦後の1948（昭和23）年には起点となっていた琴電高松（現・瓦町）駅から港のそばまで延伸をはかり、同年12月26日には仮駅ながら高松築港駅として開業した。

終点の琴電琴平駅は、土讃線（国鉄時代は土讃本線）琴平駅から200mほど離れた金倉川沿いにある。開業当時は琴平駅と呼ばれたが、琴平電鉄の開業に前後して坂出・多度津から琴平参宮電鉄、坂出から琴平急行電鉄が開業、琴平に4つの駅が設置される事態になった。こちらは金倉川を挟んで反対側にあっ

夕方の待合室、なつかしい木製のベンチ。お2人さんは何処まで行くのかな?【昭和48年8月18日】

たが混乱も招き、それぞれが琴電琴平、琴急琴平、琴参琴平と改称している。ちなみにこの2社の路線は戦時中に休止、戦後復活することなく廃止されてしまった。

　撮影訪問時、琴電琴平駅は開業当時の2階建て駅舎が使われていた。当初は食堂も営業、金刀比羅宮参拝の疲れをいやす場としても使われていたという。この駅舎は1988(昭和63)年にレトロ調のデザインに改築、イメージを一新した。古レールを柱に使ったホーム上屋あたりはいまも当時の面影を残している。

　駅のわきには1860(万延元)年につくられ、いまでは国の重要有形民俗文化財に指定された「高灯籠」がある。右写真でも判るように、ホームからも望める。高さは27mもあり、日本一高い灯籠とのこと。海岸から10km以上離れた内陸だが、瀬戸内海を航海する船の指標にもなっていたそうだ。

「こんぴらさん」と親しまれている金刀比羅詣りの玄関口。奥に「高灯籠」が見える【昭和48年8月18日】

夕暮時の琴電琴平駅。バックには讃岐富士がシルエットで見えている。私(安田)の故郷はすぐ近く。久しぶりに帰ることにした【昭和48年8月18日】

琴電志度駅
ことでんしど

高松琴平電気鉄道 志度線

ACCESS
→ 香川県さぬき市志度字御所495-7
→ 高松琴平電気鉄道「瓦町駅」から志度線で約35分

琴電志度駅は当時もいまも変わらぬ姿で活躍中
【昭和48年8月18日】

戦時中に休止されたが
復旧を果たした駅

　高松琴平電気鉄道の志度線は、琴平線の瓦町駅を起点に琴電志度駅まで12.5キロを結ぶ路線だ。ほぼJR四国の高徳線と並行する競合路線だが、志度線は高徳線より海側を走り、塩屋〜原間では車窓に志度湾が広がる。

　高松琴平電気鉄道は84ページで紹介したように戦時中に高松市周辺の鉄道事業者が合併して発足している。志度線は現行3路線のなかでは最も歴史が古く、1911(明治44)年11月18日に東讃電気軌道によって開業した。

　当初の区間は今橋〜志度間だったが、1913(大正2)年に出晴〜今橋間、さらに1915(大正4)年に公園前〜出晴間を延伸している。出晴駅は現在の瓦町駅志度線口付近で、さらに公園前延伸時は瓦町駅も設置されている。当時の官報では出晴〜瓦町間0.2マイルとされ、300mほど離れていたようだ。

　また、公園前駅は栗林公園の北側に位置していた。なお、会社名は軌道だったが、公園前〜志度間は鉄道として敷設されている。

　公園前駅延伸の翌年、東讃電気軌道は四国水力電気に譲渡され、以後は電力会社の運営となり、1917(大正6)年には公園前駅から国鉄の高松駅方面に路線が延伸された。この区間は道路との併用軌道で、市内線(軌道)としている。いわゆる路面電車だったが、志度線の電車は市内線にも直通運転された。

　戦時中の電力統合で四国水力電気は解散することになり、1942(昭和17)年に讃岐電鉄を設立、鉄軌道事業はここに引き継がれた。さらに1943(昭和18)年11月1日に琴平電鉄・高松電気軌道と合併、讃岐電鉄の路線は高松琴平電気鉄道の琴平線と市内線になった。

　1945(昭和20)年1月26日には志度線が不要不急線に指定され八栗〜志度駅前(1931年の駅位置移転で改称。現・琴電志度)間を休止、線路などが資材供出された。同年7月4日には高松空襲で志度線公園前〜出晴間および市内線が大きな被害を受けた。この復旧の際、出晴駅を瓦町駅に統合するかたちで廃止、また公園前〜瓦町間および市内線は復活しないまま戦後に廃止されている。

　1949(昭和24)年には休止していた八栗

真夏の暑い日みなさん海水浴に行くの？【昭和48年8月18日】

　〜志度駅前の復旧が進められ、10月9日に運行再開となった。この時、志度駅前は琴電志度と駅名が改称されている。「駅前」というのは、国鉄高徳線志度駅の前という意味だが、志度街道を挟んで100mほど離れている。

　写真撮影に訪れたのは1973（昭和48）年のことだったが、駅やホームの様子はいまも変わらない。上写真の「高松方面行のりば」看板は大きくなって上屋の屋根に移動したが、清掃用の箒はいまもここに掛けられている。電車は琴平電鉄開業時に導入された3000形（315号や345号など）などが走っていた。これは戦後、琴平線から志度線に移動したもので、2007（平成19）年まで専属で使用されていた。80年以上活躍する長寿電車だったのだ。

駅のヒマワリの花も暑くてグンニャリ【昭和48年8月18日】

89

原〜房前（ふさざき）間で志度湾に出た電車は五剣山（八栗山《やくりさん》）をバックにゆっくり走る【昭和55年8月24日】

長尾駅
ながお

高松琴平電気鉄道 長尾線

訪問時は木造駅舎。なぜか駅入り口には万国旗が掲げられていた【昭和48年8月18日】

カーブしたホームが延伸計画を物語る

　長尾線は、瓦町〜長尾間14.6キロの路線だ。現在、大半の電車は瓦町駅から琴平線に乗り入れ、高松築港駅発着で運転されている。

　長尾線の歴史も古く、1912（明治45）年4月30日、高松電気軌道により出晴〜長尾間で開業している。出晴とは88ページに紹介した志度線（東讃電気軌道）でも駅が設置された場所だ。この時代、高松市の中心部南端に位置し、鉄道の拠点として適当な場所だったようだ。

　現在の高松琴平電気鉄道は3路線とも軌間1435㎜となっているが、開業当初、長尾線

ACCESS
→ 香川県さぬき市長尾西559-2
→ 高松琴平電気鉄道「高松築港駅」から長尾線で約40分

だけは1067㎜だった。1943（昭和18）年の合併で高松琴平電気鉄道となったのちに改軌を進め、1945年（昭和20）年6月2日に出晴〜高田間、同26日に高田〜長尾間を改軌している。これにより他線との直通運転が可能になり、市内線にも乗入れを開始した。戦時中の厳しい時代だったが、それゆえに輸送力強化が求められていたのだ。ただし、改軌からわずか1週間足らずで空襲を受けて市内線が壊滅、出晴駅も瓦町駅に統合する事態となった。

袋のなかはなーに？　電車が来るまでのお楽しみタイム【昭和48年8月18日】

　終点の長尾駅は、大正時代の町制施行で長尾町（現在は合併で、さぬき市）となった地域の玄関口となるものだった。駅周辺いまも耕作地が多い土地柄だが、線路はホーム部分で緩くカーブしている。なぜ直線にしなかったのだろうか。じつは高松電気軌道はその先の延伸を計画、長尾〜白鳥本町間の免許も得ていた。長尾駅からそのまま直進させると長尾寺がある。その境内を避けるため、長尾駅設置時から延伸ルートを織り込んだ線形にしたものといわれている。

　撮影訪問時の駅舎は木造で、いかにも私鉄駅らしい意匠が随所に施されていた。1986（昭和61）年に改築されたが、これはテラス付きで民家のようなデザインになっている。

日中は乗降客の少ない駅。「電車がきましたよ！」
【昭和48年8月18日】

93

讃岐平野のまんなかを東南にのんびり走り、長尾寺(四国霊場87番札所)のある駅に到着。延伸時に長尾寺の境内を避けるため、構内はカーブしていた【昭和48年8月18日】

国鉄小松島線 小松島港仮乗降場(こまつしまこう)

駅名看板よりもフェリーの案内のほうがはるかに大きかった
【昭和48年8月17日】

ACCESS
→ 徳島県小松島市小松島町［駅跡］
→ JR牟岐線「南小松島駅」から徒歩10分

フェリー連絡に便利な営業キロなしの臨時駅

　国鉄最短、わずか1.9キロという小松島線の終端駅だ。最晩年の『時刻表』を見ると牟岐線の中田駅から1.9キロ地点に小松島駅があり、さらにその先に小松島港駅が記載されていた。そして「(臨)小松島港駅のキロ数は小松島駅と同一とみなす」旨の注記も添えられ、小松島港駅のキロ数は空欄だった。

　実態は時刻表からは読み取れないが、簡単に言えば小松島線は終端部がY字形に広がっていた。右に進めば小松島駅、左に進めば小松島港仮乗降場だったのだ。

　ただし、これでは小松島港発着列車は小松島駅の旅客扱いができなくなってしまうので、途中に小松島駅のホームを1本設け、構内を横断させて改札口へと導いた。小松島発着列車は本来の駅舎側ホームとなり、列車によって使い分けていたのだ。ちなみに所要時間は中田～小松島間は4分、小松島～小松島港間はわずか1分だった。

　小松島線の歴史は大正時代に始まる。1913（大正2）年4月20日、阿波国(あわのくに)共同汽船によって徳島～小松島間の小松島軽便線として開業。軽便の名はあるが軌間は1067㎜で、小松島港に直結する貨物鉄道としての役割が大きかった。1917（大正6）年に国有化、1922（大正11）年には線名が小松島線と変更された。

　その後、小松島港発着の旅客航路が増え、その便をはかるべく1940（昭和15）年3月15日に小松島駅構内の桟橋近くに小松島港仮乗降場を設置。これが当駅の始まりだ。

　1961（昭和36）年4月1日には中田駅を起点としていた牟岐線を徳島駅起点に改め、小松島線を中田～小松島間とする。これにより国鉄最短営業路線が誕生した。国鉄再建のあおりを受けて1985（昭和60）年3月13日限りで運行終了、翌14日付で廃止された。

南海フェリーを介して和歌山、大阪方面へ行くため延長運転される急行「よしの川」(徳島から快速)
【昭和56年4月15日】

ここは南海フェリーや共同汽船の連絡駅、名物焼き竹輪などの露天商が並んでいるのがなつかしい
【昭和48年8月17日】

国鉄 鳴門線

鳴門駅
なると

駅移転で駅舎も新築。それから3年後の訪問だった
【昭和48年8月18日】

ACCESS
→ 徳島県鳴門市撫養町小桑島前浜256
→ JR「徳島駅」から鳴門線直通列車で約40分

移転開業直後の鳴門駅
貨物列車の営業もあった

　鳴門といえば「うず潮」の鳴門海峡を思い浮かべるが、鳴門駅はその四国側、高徳線（国鉄時代は高徳本線）の池谷駅から分岐する鳴門線の終点で、営業距離は現在8.5キロ。

　鳴門駅の位置する鳴門市撫養町は、瀬戸内海に臨み、古来本州連絡の港町として栄えてきた。いっぽう、陸路の交通は明治期に入っても整備が進まず、撫養町の有志が徳島と結ぶ鉄道計画を立てた。これが鳴門線の前身となる。

　1916（大正5）年、阿波電気軌道として古川～良成～池谷～撫養（ゑびす前、蛭子前への改称を経て現・撫養）間で開業した。起点となる古川駅は吉野川に橋梁が架けられなかったため、徳島市の対岸に設けられたもの。ここから渡船で徳島市へ連絡した。

　また、社名が電気軌道となっているが、電化されることなくのちに阿波鉄道と社名変更している。

　1928（昭和3）年1月18日には撫養駅から1.3キロ延伸、ここに2代目となる撫養駅を設置した。のちに駅名が改称され、これが現在の鳴門駅である。ちなみに初代撫養駅は、ゑびす前（国有化後、蛭子前）と変更された。なお、阿波電気軌道時代、池谷～板野～鍛冶屋原間の路線も開通させている。

　1933（昭和8）年、阿波鉄道が国有化されて全線が国鉄の阿波線となった。その2年後に高徳本線が全通し、阿波線の良成～池谷～板野間は高徳本線に組み入れ、池谷～撫養（2代目。現・鳴門）間は撫養線となった。

　1947（昭和22）年、撫養町は町村合併で鳴南市となる。この市名は鳴門の南という意味だったが、不評で発足から2カ月後には鳴門市と改称された。その後、国鉄にも働きかけがあったようで、翌年8月1日には撫養（2代目）駅を鳴門駅に変更、蛭子前駅を撫養駅に戻した。さらに1952（昭和27）年3月1日には線名も鳴門線に改称している。

　なお、鳴門は1970（昭和45）年3月1日に200m延伸移転、駅舎も新築された。撮影訪問時はこの新駅だが、当時行なわれていた貨物営業は1984（昭和59）年1月末で廃止、現在、線路はシンプルなかたちに整理されている。

静まりかえったホームでは、駅名標と水飲み場だけが迎えてくれた【昭和48年8月17日】

うず潮を見に来たが日が暮れてしまった、残念【昭和48年8月17日】

本日はあいにくの雨、でもうず潮は関係なく見学できました。写真手前に延びる線路は貨車の荷役場に続いていた
【昭和48年8月18日】

国鉄牟岐線

牟岐駅(むぎ)

ACCESS
→ 徳島県海部郡牟岐町大字中村字本村141-3
→ JR「徳島駅」から特急「むろと」で約75分

あいにくの雨だったが、南国ムードのある駅だった
【昭和48年8月17日】

当時は貨物営業も実施
相応の規模を持つ駅だった

　徳島〜海部間79.3キロとなる牟岐線が全通する前、30年以上にわたって終点となっていたのが牟岐駅だ。

　牟岐線の歴史は先に紹介した小松島線も関わってくる。1913（大正2）年、阿波国共同汽船によって徳島〜小松島間が開業した。これが牟岐線建設の始まりでもある。

　1916（大正5）年、徳島〜小松島間の途中に中田駅を設置、ここから阿南鉄道によって中田〜古庄（現・廃止）間の路線が開業した。古庄駅は羽ノ浦駅の南側約2km、那賀川の左岸に設けられた。線路はさらに南へと計画されていたが、那賀川を渡るのが難しく、中断されたものだ。

　1936（昭和11）年には羽ノ浦を起点として国鉄の牟岐線が開通した。当初は桑野駅までだったが、1937（昭和12）年に阿波福井駅、1939（昭和14）年に日和佐駅と延伸、1942（昭和17）年7月1日には牟岐駅まで開通した。この間、阿南鉄道の中田〜古庄間を国有化、牟岐線に編入している。なお、羽ノ浦〜古庄間は国有化時に旅客営業を廃止、貨物線として存続することになった。戦時中休止された期間もあるが、1961（昭和36）年まで運行されている。なお、1961（昭和36）年4月1日には徳島〜中田間を小松島線から当線に編入、牟岐線は徳島〜牟岐間となった。

　牟岐駅から先、室戸岬をまわって土讃本線の後免駅に向かう四国東南海岸環状線の計画があったが、これは長い間着工に至らず、それまで牟岐駅が牟岐線の終点となったのだ。

　道路事情が悪かった時代、牟岐線は沿線地域にとっては生命線となる交通で、貨物輸送も行なっていた。牟岐駅はその拠点としての重責もあり、相応の規模を持つ駅となっていた。撮影で訪問した時代も1日1往復ではあったが貨物列車が運行されていた。

　じつはこの時、牟岐駅から先の工事が進捗しており、訪問から1カ月半後の1973（昭和48）年10月1日には海部駅まで延伸開業する。終点・牟岐駅の最後の姿の記録となった。

ハマユウなどが南国ムードでお迎え【昭和48年8月17日】

海部駅へ延伸、そして阿佐海岸鉄道へ

　四国東南海岸環状線の計画は、戦後具体化、1964（昭和39）年には国鉄から日本鉄道建設公団に託され、牟岐〜室戸間約61キロの阿佐東線、後免〜室戸間約64キロの阿佐西線として建設工事が始まった。

　1973（昭和48）年10月1日、まず牟岐〜海部間11.6キロが開通した。この間は旅客営業だけとされ、開業当初の海部駅はホーム1面1線のシンプルなスタイルだった。また、高架駅としてつくられたが、四国内では初めての高架駅でもあった。

　その後、国鉄再建問題で工事は凍結されるが、海部〜野根町間は着工率60％となって

高架線上の駅になり南へ延びるのを待っていた【昭和56年4月15日】

いた。地元では第三セクター鉄道の阿佐海岸鉄道を設立、1992（平成4）年3月26日に海部〜甲浦間8.5キロを開業させている。これに合わせて海部駅ではホームと線路を1本ずつ増設している。

なぜホームにイヌが？　停車中の車両は手前が郵便荷物合造車のキユニ15形。キロハ18形の改造で誕生、種車が中間車だったため新設された運転台は切妻となっていた【昭和48年8月17日】

安芸駅

土佐電気鉄道 安芸線

当時の駅は墓地（のち移転）に隣接していた【昭和48年8月17日】

土佐湾に沿って走る電車の終着駅だった

ACCESS
→ 高知県安芸市津久茂町 ［駅跡］
→ JR「高知駅」から土佐くろしお鉄道直通列車で約1時間「球場前駅」下車、徒歩5分

　高知県では、とさでん交通による路面電車が運行されているが、その前身の土佐電気鉄道では1974（昭和49）年3月末までは鉄道線も運行していた。それが後免〜安芸間26.8キロの安芸線だ。

　1924（大正13）年、高知鉄道として開業。1930（昭和5）年4月1日には安芸駅まで全通している。当初は非電化。起点の後免駅は国鉄の土讃線とつながり、高知駅まで直通する運転も行なわれた。

　交通統合政策により1941（昭和16）年に路面電車を運行していた土佐電気などを合併、社名を土佐交通と改めた。さらに戦後の1948（昭和23）年に南海鍛圧機という鍛圧機械の製造販売を行なっていた会社に吸収合併され、社名は土佐電気鉄道となった。

　その後、安芸線の電化に取り掛かり、1949（昭和24）年7月20日までに全線の電化を完成している。後免駅の隣にあった後免町駅は軌道線と線路がつながり、その後、軌道線から直通する電車も運転されるようになった。

　終点の安芸駅は、安芸漁港のわきにあった。110ページの写真に松の木が写っているが、その先が船溜まりだった。晩年、朝晩を中心に軌道線との直通電車も運行されており、2両連結となった路面電車の姿も見える。

　安芸線廃止後、用地の一部は四国東南海岸環状線計画に転用、阿佐西線として建設が始まった。2002（平成14）年に土佐くろしお鉄道の阿佐線（ごめん・なはり線）として後免〜奈半利間で開業。高架線となっているが、その車窓にかつての安芸線をほうふつさせる。

108

夕暮れ時の寂しい駅。モハ5000形は安芸線廃止まで運用された【昭和48年8月16日】

安芸線では専用の電車（右／モハ5000形）のほか、軌道線から路面電車（左）も直通運転していた【昭和48年8月16日】

私（安田）が訪れた翌年の昭和49年に廃止された。現在は高知東部交通のバスターミナルになっている
【昭和48年8月16日】

国鉄中村線

中村駅
なかむら

駅前には「SLホテル」の残骸が残っていた
【昭和57年9月24日】

ACCESS
→ 高知県四万十市駅前町7-1
→ JR「高知駅」から特急で約105分

第三セクター鉄道転換後も三角屋根の駅舎が残る

　中村線の終点となっていたのが中村駅だ。国鉄再建のための体制変換で、中村線は第三セクター鉄道の土佐くろしお鉄道として運行されるようになった。さらに転換後の延伸で中村駅は中間駅となっている。

　中村線の歴史は戦後に始まる。1952（昭和27）年に四国西部循環線として計画され、1963（昭和38）年12月18日に土讃線の窪川駅から延長するかたちで土佐佐賀駅まで開通、この間を中村線とした。ちなみにこの中村線開通で、土讃線は土讃本線（現・土讃線）と改められている。さらに1970（昭和45）年10月1日には中村駅まで延伸、窪川～中村間43.4キロが全通している（現在は43.0キロ）。

　中村線の話題として外せないのは、若井～荷稲間にあるループ線だろう。この間で標高204mから47mまで一気に下る。この急峻な地形克服のために設けられたものだ。また、ループ線の途中には川奥信号場があり、ここで予土線が分岐する。

　土佐佐賀駅の先で車窓に太平洋が見えはじめ、四万十川の河口に位置する中村駅へと進んでいく。中村駅は四万十市の中核となる中村町にあり、その玄関口となる。ただし、当時の街並みは駅から1kmほど北側の市役所周辺で、駅は田畑に囲まれた寂しい場所だった。

　1974（昭和49）年には駅のわきに蒸気機関車（C11 117号機）と客車2両を並べ、日本初のSLホテルが設置されたこともあるが、6年ほどで廃業。撮影訪問時は機関車のみ展示してあったがボロボロで、1989（平成元）年には解体されてしまった。

　中村線は国鉄再建の際、廃止対象の特定地方交通線に指定されてしまったが、地元では存続を望み、民営化でJR四国に移管されたあとの1988（昭和63）年4月1日から土佐くろしお鉄道の運営となった。この際、構内の北側には車両基地が新設されている。また、駅舎には運営事務所が併設された。

　なお、中村駅の駅舎は2010（平成22）年にリノベーションされ、装いを一新。ブルネル賞駅舎建築部門優秀賞も受賞している。

窪川からループ線で荷稲に下り海岸線を走り中村へ到着【昭和56年4月14日】

突然の驟雨（しゅうう）、乗客の人々は駅の屋根で雨やどり【昭和48年8月16日】

増改築はされているが、基本的に現代と変わらない駅舎。きょうはお盆、皆さん沢山の荷物を持って里帰り？
【昭和48年8月16日】

国鉄宇和島線 江川崎駅（えかわさき）

20年以上、宇和島線の終着駅だった江川崎駅【昭和48年8月16日】

ACCESS
→ 高知県四万十市西土佐江川崎
→ JR「宇和島駅」から予土線で約65分

高知県をめざして東進 全通により予土線と改称

　土佐くろしお鉄道の若井駅（高知県）と予讃線（国鉄時代は予讃本線）の北宇和島駅を結ぶ76.3キロの予土線は、宇和島側から建設を重ね、全通前は宇和島線と呼ばれていた。

　ルーツは140ページで紹介する宇和島鉄道で、1914（大正3）年に宇和島〜近永間で開業。1923（大正12）年には吉野（現・吉野生）駅まで延伸した。1933（昭和8）年8月1日に国有化、宇和島〜吉野生間は国鉄宇和島線となった。また、1941（昭和16）年7月2日には全線762㎜から1067㎜に改軌。1945（昭和20）年6月20日に予讃本線が全通。この時、予讃本線の終着駅は宇和島駅とされ、宇和島線の起点は北宇和島駅になったと思われる。

　1953（昭和28）年3月26日、吉野生駅から江川崎駅まで延伸開業。1974（昭和49）年3月1日に若井駅まで完成して全線が予土線となるまで当駅が宇和島線の終点となった。

　江川崎駅は清流として知られる四万十川のすぐそばにあり、延長区間は四万十川に沿って進む。予土線建設拠点にもなったため、構内は資材輸送も配慮した線形になっていた。なお、2013（平成25）年8月12日には至近にある江川崎観測所で当時日本の観測史上最高となる摂氏41.0度を記録。その時には「日本一暑い駅」としてもPRされていた。

いまでは消えた腕木式信号もあった【昭和48年8月16日】

西土佐村（当時）の中心でかつては四万十川舟運の拠点だった【昭和48年8月16日】

小雨に煙る終着駅。1974(昭和49)年中村線の若井まで開通したことによりいまは中間駅となっている
【昭和48年8月16日】

高浜駅
たかはま
伊予鉄道 高浜線

昭和初期に建てられた駅舎はアール・ヌーヴォー調デザイン【昭和48年8月15日】

街と港を結ぶ
四国初の鉄道が前身

　四国の鉄道は、松山市内にネットワークを広げる伊予鉄道から歴史が始まった。

　松山では街と港がはなれていたため、それを結ぶ鉄道として伊予鉄道が設立され、1888（明治21）年10月28日に松山（現・松山市）〜三津間で運行が始まった。これが四国初の鉄道でもあった。さらに1892（明治25）年5月1日には三津〜高浜間を延伸、高浜線9.4キロが全通している。

　当初、鉄道建設の経費を絞るべく、軌間は762㎜で敷設された。国鉄／ＪＲ在来線の1067㎜より狭く、そのぶん、線路や車両も小ぶりで簡素につくれる。大正期を中心に全国各地で採用されたが伊予鉄道は762㎜を採用した日本初の例だった。

ACCESS
→ 愛媛県松山市高浜町1
→ 伊予鉄道「松山市駅」から高浜線で21分

　その後、伊予鉄道は道後鉄道と南予鉄道を合併。大正時代には伊予水力電気と合併して伊予鉄道電気と改称、のち松山電気軌道も合併した。さらに1942（昭和17）年には電力事業を分離、鉄軌道事業は伊予鉄道となった。

　こうした会社の変遷のなか、高浜線は1931（昭和6）年5月1日に全線を1067㎜軌間に改軌のうえ、電化。さらに同年7月8日には全線の複線化も果たしている。

　ただし、戦時中の金属供出で1945（昭和20）年2月21日から高浜線全線が単線となった。戦後、1952（昭和27）年〜1964（昭和39）年に再複線化が進められたが、梅津寺〜高浜間は現在も単線のままだ。路線としては末端の1駅間。運行に差しさわりないという判断なのだろう。なお、高浜側を末端としたが、じつは高浜線の場合、高浜駅が起点、松山市駅が終点となっている。

　単線区間（121ページ上写真参照）を通って高浜駅に着くと、潮の香りに包まれる。駅前には港があり興居島方面に向かうフェリーが発着している。さらに駅から北に500mほど進むと松山観光港があり、広島や小倉などに向かう航路がある。高浜駅から松山観光港まで延伸する将来構想もあるそうだ。

高浜〜梅津寺間は単線となっているが、用地に複線時代の姿が残っている【昭和59年3月】

折返し電車が入ってきました、ホームには沢山の乗客。これから松山市内方面へ【昭和48年8月15日】

電車を降りて桟橋を渡り対岸の島々に行くフェリーのりばに急ぐ人々【昭和48年8月15日】

伊予鉄道 城南線
道後温泉駅
どうごおんせん

ACCESS
→ 愛媛県松山市道後町1
→ 伊予鉄道「松山駅前電停」から松山市駅線で約20分

訪問時の駅舎は明治末期に建てられたものだった
【昭和48年8月15日】

いまは「坊っちゃん列車」も復元運転されている

　伊予鉄道では市内電車として路面電車も運行している。線路は複線・単線、併用軌道・専用軌道が入り混じり、複雑な路線網を形成している。現在はこの路線を結び5つの系統で運行されている。さらに市内電車の線路を走り、松山駅前や松山市駅から道後温泉に向かう「坊っちゃん列車」も運転している。

　路線の成り立ちは複雑で、ここでは終着駅とする道後温泉駅を中心にたどってみよう。

　1895（明治28）年8月22日、道後鉄道により古町〜道後〜松山間が開業する。これも762㎜軌間で、蒸気機関車による運行だっ

た。この時設置された道後駅が、現在の道後温泉駅のルーツとなる。この鉄道開通時、夏目漱石は松山にあった愛媛県尋常中学校に英語教師として赴任、そのエピソードを交えて創作したのが小説『坊っちゃん』だ。汽車の描写もあり、のちに「坊っちゃん列車」として有名になるのは、この鉄道のことだ。

　この道後鉄道は伊予鉄道に合併、道後線とされ、のち1067㎜に改軌されている。

　1911（明治44）年9月1日には、松山電気軌道が札ノ辻（現・本町三丁目）〜道後（現・道後温泉）などで路面電車の運行を開始した。こちらは1435㎜軌間を採用していたが、伊予鉄道電気（元・伊予鉄道）への合併後、1067㎜に改軌されている。

　こうして道後には2つの鉄道に由来する駅が存在したが、1921（大正10）年5月1日に1本化している。また、道後線は一部の路線が市内電車線に組み込まれたが、道後駅周辺の線路は廃止されてしまった。

　1961（昭和36）年4月1日には、温泉をPRするため、道後駅を道後温泉駅と改称した。写真の駅舎は1911（明治44）年に建てられたものだったが、老朽化で一部建材を再利用しながら新築。その姿は忠実に再現され、1986（昭和61）年5月31日に竣工している。

夏目漱石もこの温泉に入ったゆかりの場所、彼が坐ったその場所に私（安田）も坐って坊っちゃん気分になった
【昭和48年8月15日】

伊予鉄道は西日本の私鉄では南海電気鉄道に次いで古い鉄道【昭和48年8月15日】

125

明治期に建てられた駅舎で、路面電車の駅とは思えない立派な駅。行先表示の「市駅前」は松山市駅前駅のこと【昭和48年8月15日】

伊予鉄道 郡中線 郡中港駅(ぐんちゅうこう)

南予鉄道がルーツ
雑貨店のような売店併設

ACCESS
→ 愛媛県伊予市米湊
→ 伊予鉄道「松山市駅」から約24分、終点

　伊予鉄道の郡中線は、松山市〜郡中港間を結ぶ11.3キロの路線だ。この路線は伊予鉄道とは異なる南予鉄道によって開業している。

　南予鉄道は、1896(明治29)年7月4日、藤原(現・松山市)〜郡中間で開業した。これも762㎜軌間で建設されている。この時代、伊予鉄道、道後鉄道、そして南予鉄道が相次いで誕生、松山は鉄道開業ブームといえる状態だった。しかし、狭い地域での複数鉄道の運営は大変で、1900(明治33)年5月1日には3社を合併して伊予鉄道となり、南予

昔のままの古い駅、この子たちはいま、どうしているかな？【昭和48年8月15日】

鉄道の路線は郡中線となった。

時代が昭和に入ると、ようやく国鉄も松山界隈の鉄道建設に取り掛かり、1930（昭和5）年には讃予線（現・予讃線）として松山～南郡中（現・伊予市）間が開業する。そして3年後には伊予上灘駅へと延伸を重ねていく。

伊予鉄道電気（元・伊予鉄道）にとっては強力なライバルの出現で、1937（昭和12）年には郡中線を1067㎜に改軌して、他線との連絡強化をはかった。

またこの時代、郡中港の整備も進められていたため、港に近い場所へと延伸もはかり、1939（昭和14）年5月10日に郡中～郡中港間を開業している。郡中港駅は国鉄南郡中駅（現・伊予市）のすぐ前に設置されたが、線路は結ばず独自の経営をめざした。

なお、高浜線は改軌と同時に電化されているが、郡中線は見送られ、電化は戦後の1950（昭和25）年5月10日となっている。これは燃料事情の問題解消だったが、電化でスピードアップと一石二鳥の狙いもあった。

撮影訪問時の郡中港駅は、のんびりとした場所だった。至近にある郡中港は、戦後、伊予港と名前を変え、定期航路が運航された時期もあるが、駅利用者はもっぱら近隣の人々に限られていたようだ。駅の売店は狭かったが、雑貨屋のような品揃えが楽しかった。

1980（昭和55）年にも電車の撮影で訪れているが、このローカル色豊かな駅舎はその翌年に改築されてしまった。ちょっと不思議な2階建てで、駅舎というよりは普通の民家のようなデザインになっている。

元14m車を19mに改造したモハ300形　岡田～古泉【昭和55年8月25日】

国鉄予讃本線(現・JR予讃線)伊予市駅の前にある終着駅、瀬戸内海はすぐ近く【昭和48年8月15日】

伊予鉄道横河原線
横河原駅
よこがわら

明治の面影を残していたが
2015年に駅舎を改築

　伊予鉄道の横河原線は、松山市〜横河原間を結ぶ13.2キロの路線だ。

　この路線は伊予鉄道によって建設された。高浜線全通の翌年、1893（明治26）年5月7日に外側（現・松山市）〜平井河原（現・平井）間で運転を開始。1899（明治32）年10月4日には横河原駅まで延伸、全通した。

　軌間は高浜線同様762㎜だったが、昭和に入ってから改軌を決行。1931（昭和6）年5月1日の高浜線改軌にひきつづき同年10月6日に横河原線の改軌も完了した。

　ただし電化は行なわれず、蒸気機関車を続けて使用した。夏目漱石の小説『坊っちゃん』に出てくる機関車は伊予鉄道に合併された道後鉄道のものと思われるが、ドイツのクラウス社製だった。同形機は伊予鉄道で10両、道後鉄道で2両導入。さらに住友別子鉱山鉄道から3両譲り受け、最終的に15両の大所帯となっている。この機関車を762㎜から1067㎜に改軌して活用したのだ。

　こうして「坊っちゃん列車」は1954（昭和29）年のディーゼル機関車導入まで走り続けた。引退後2両が保存され、梅津寺パークに展示されている1号機は、鉄道記念物や愛媛県指定有形文化財に指定されている。2001（平成13）年から市内線で運行されている「坊っちゃん列車」は、このレプリカだ。

訪問時は明治末期に建てられた駅舎が使われていた
【昭和48年8月15日】

ACCESS
→ 愛媛県東温市横河原
→ 伊予鉄道「松山市駅」から約30分、終点

　横河原線はディーゼル機関車で無煙化されたが、運行方式は機関車が客車を牽くスタイルが踏襲された。その後、1967（昭和42）年6月10日に松山市〜平井間、同年10月1日には横河原駅まで全線が電化された。これにより横河原線は電車運転に切り替えられた。

　1973（昭和48）年の訪問当時、横河原駅に機回し線が残っていたが、これは客車運転時代の名残だった。この線を使って機関車を客車の前後に付け替え、折り返していったのだ。その後、この機回し線は撤去され、現在は線路1本だけの終着駅となっている。

　また、撮影訪問時、駅舎は明治の面影を残すもので、伊予鉄道の長い歴史を感じさせたが、2015（平成27）年11月から駅舎新築工事を開始。2016（平成28）年3月に新駅舎が竣工している。

松山市から到着、Uターンして帰る電車、車掌さんも忙しそう【昭和48年8月15日】

明治時代に造られたふるい駅舎をあとに去っていく130系電車【昭和48年8月15日】

伊予鉄道では縦書きの駅名標が歴史をいっそう感じさせてくれた【昭和48年8月15日】

（旧）内子駅

国鉄 内子線

予讃本線短絡ルート完成で内子線五郎〜新谷間は廃止されてしまった【昭和55年8月25日】

予讃本線開通前
地上駅時代の終着駅

内子線は予讃本線（現・予讃線）短絡ルート開通で大きく姿を変えた。いまでは高架の中間駅となっている内子駅は、それまで同線の終着駅となっていたのだ。

撮影訪問時の内子線は、予讃本線の五郎駅を起点に内子駅に向かう10.3キロの路線だった。伊予大洲駅から内子駅に入る列車は、五郎駅で向きを変えて折り返すかたちになっていたのだ。国鉄晩年、予讃本線は向井原〜伊予大洲間を結ぶ短絡ルートを建設、ここで内子線も活用されることになった。向井原駅から分岐する新線は内子駅につなぎ、内子線では各部で曲線緩和などのルート変更が行なわれた。さらに新谷駅からは五郎駅を経由せ

ACCESS
→ 愛媛県喜多郡内子町内子3427［駅跡］
→ ＪＲ「松山駅」から予讃線特急で約25分内子下車、徒歩10分

ずに伊予大洲駅に向かうかたちに改められた。そして1986（昭和61）年3月3日からこのルートでの運行が始まっている。同時に内子線だった五郎〜新谷間は廃止され、内子線は新谷〜内子間の5.3キロとなったのだ。

終着駅時代の内子駅は1986（昭和61）年3月2日まで使われていた。場所も現在地とは異なり、500ｍほど北東。現在、内子駅前のSL（C12 231）が展示されているわきの交差点で南北に通じている道路が線路跡だ。北に進み、内子文化創造センター（内子自治センター・内子町図書情報館）のあたりが旧駅の場所となる。

駅舎は1920（大正9）年開業当時のままの古い駅。誰もいない……【昭和48年8月15日】

かつては木材・木炭の搬出で忙しかった駅ではケイトウの赤い花が誰に言うともなく夏を告げている
【昭和48年8月15日】

国鉄 予讃本線 宇和島駅(うわじま)

宇和島駅の駅舎のわきにワシントンヤシが見える。いまでは巨大なヤシ並木に成長した
【昭和48年8月15日】

ヤシ並木がお出迎え
南国情緒の終着駅

　高松駅を起点に約300キロ、予讃線（国鉄時代は予讃本線）の終点が宇和島駅だ。宇和島は宇和海に面し、伊達氏の城下町として栄えてきた。温暖な気候で柑橘類の栽培でも知られているが、観光にも人気のエリアだ。

　宇和島界隈の鉄道は、予讃線の到達を待たずに独自に建設されている。宇和島鉄道という会社が起こされ、1914（大正3）年10月18日に宇和島〜近永(ちかなが)間で鉄道運行が始まった。現在の予土線となるルートだが、起点となる宇和島駅の位置は現在と異なっている。市内を流れる須賀川の北側、現在の市立城北中学のあたりだった。これは2年後の1916

ACCESS
→ 愛媛県宇和島市錦町10-1
→ ＪＲ「松山駅から」予讃線特急で約85分

（大正5）年12月1日から現在地に移転した。

　宇和島鉄道は1933（昭和8）年8月1日に国有化され、国鉄宇和島線となった。開業時から軌間は762㎜となっていたが、1941（昭和16）年7月2日に1067㎜へ改軌している。また、同時に北宇和島〜卯之町(うのまち)間も1067㎜で新規開業した。当時はこの線も宇和島線と呼ばれている。なお、改軌の際、宇和島駅の位置はそのままとされたが、線路の位置は宇和島市内などで一部変更されている。

　1945（昭和20）年6月20日には予讃本線が卯之町駅まで延伸、宇和島線は他地域の鉄

肱川(ひじかわ)あらしで有名なところ　伊予出石〜伊予白滝【昭和61年12月】

道とつながった。この時、卯之町〜宇和島間を予讃本線に編入し、宇和島駅は同線の終着駅となったのだ。

　しかし、その1カ月ほどあとの7月29日、宇和島駅は空襲に遭って焼失してしまう。撮影で訪ねた時に建っていた駅舎は、1951(昭和26)年になって新築されたものだった。

　また、宇和島市では昭和30年代後半から観光地としての景観を演出すべく、ワシントンヤシの植樹を始めている。現在では10数mの巨大なヤシ並木に成長、「新・日本街路樹100景」にも選定されているが、撮影訪問時はまだ小さかった(140ページ写真参照)。

　なお、宇和島駅の駅舎は国鉄からJR四国に移管されたあとに改築され、1998(平成10)年4月2日から新駅舎となっている。

ちょうど真っ赤なヒガンバナが満開　伊予大洲〜五郎
【昭和57年9月26日】

高松から瀬戸内海沿岸を走る予讃本線、特産のミカンはまだ青いが朱色のディーゼルカーと良く似合う　下灘〜串
【昭和57年9月26日】

《著者プロフィール》（写真）

安田就視　Yasuda Narumi

　写真家。志木市美術協会会員。1931年2月、香川県生まれ。日本画家の父につき、日本画、漫画を習う。高松市で漆器の蒔絵を描き、彫刻を習う。その後カメラマンになり大自然の風景に魅せられ、漂泊の旅に出る。消えゆく昭和の鉄道、SL、私鉄など全線をオールカラーで撮影。そのほか四季の風景、風俗、日本の祭り、学参物、伝統工芸などを全て大判カメラで撮影。

　おもな写真集に『日本の蒸気機関車東・西日本編』（東京新聞出版局）、『関東・中部写真の旅』（人文社）、電子書籍写真集『美しい東北Ⅰ・Ⅱ』（PHP研究所）他多数。

　近刊に小社刊『汽車のあった風景』シリーズ（東日本篇、西日本篇）、『昭和の終着駅』シリーズ（関東篇、関西篇、東北篇、北海道篇、北陸・信越編、中部・東海編・九州篇）がある。

《著者プロフィール》（文）

松本典久　Matsumoto Norihisa

　1955年、東京生まれ。鉄道や旅をテーマに『鉄道ファン』『旅と鉄道』などに寄稿するフリーランスの鉄道ジャーナリスト。近著は『ＪＲ東海道線・横須賀線沿線の不思議と謎』『ＪＲ山手線の謎2020』（実業之日本社）、『東京の鉄道名所さんぽ100』（成美堂出版）、『首都圏日帰り鉄道の旅』（ペガサス）、共著『ＪＲ30年の軌跡』（JTBパブリッシング）、共著『図説街場の鉄道遺産　東京23区編ほか』（セブン＆アイ出版）、共編著『読鉄全書』（東京書籍）など。鉄道模型にも造詣が深く、『Ｎゲージ鉄道模型のレイアウトの教科書』（大泉書店）、『DCCで楽しむ鉄道模型』（オーム社）など多数。

編集協力：松倉広幸、児玉三枝子、平松久和
本文DTP：朝日メディアインターナショナル株式会社

DJ鉄ぶらブックス027
昭和の終着駅 中国・四国篇

2018年8月31日　初版発行

　　　　著　者　：安田就視・松本典久
　　　　発行人　：横山裕司
　　　　発行所　：株式会社交通新聞社
　　　　　　　　　〒101-0062　東京都千代田区神田駿河台2-3-11　NBF御茶ノ水ビル
　　　　　　　　　☎03-6831-6561（編集部）☎03-6831-6622（販売部）
　　　　印刷・製本　：大日本印刷株式会社（定価はカバーに表示してあります）

©Yasuda narumi 2018・©Norihisa Matsumoto 2018　ISBN978-4-330-92918-7

落丁・乱丁本はお取り替えいたします。ご購入書店名を明記のうえ、小社販売部宛に直接お送りください。送料は小社で負担いたします。